AF259647

LETTRE

D'UN

JEUNE PRÊTRE

ATHÉE & MATÉRIALISTE

A SON ÉVÊQUE

LE LENDEMAIN DE SON ORDINATION

L'homme qui a écrit cette lettre est avant tout un homme sincère, qui a profondément réfléchi. Qu'on l'écoute, et l'on verra comment, à force de droiture et d'examen sérieux, on peut, même dans les circonstances les plus défavorables, se débarrasser des langes de l'esprit.

Je serai un prêtre du Progrès ; ceux-là ne coûtent rien, et ils sont utiles.

(Extrait de la lettre elle-même.)

PRIX : 50 Centimes.

PARIS

TYPOGRAPHIE TURFIN ET AD. JUVET

9, COUR DES MIRACLES.

1868

TIMBRE
IMPÉRIAL
SEINE

LETTRE D'UN JEUNE PRÊTRE

ATHÉE ET MATÉRIALISTE

A SON ÉVÊQUE

LE LENDEMAIN DE SON ORDINATION

Monseigneur,

Fils d'ouvrier, mon éducation avait coûté la vie à mon père et épuisé toute ma famille ; j'étais sur le point, après tant de sacrifices, de procurer aux membres qui restaient, un certain bien-être sur lequel ils avaient presque droit de compter.

Je n'aurais pas voulu pour tout au monde leur causer le moindre chagrin.

J'avais devant moi une position toute faite ; y renoncer c'était me vouer, moi et les miens, à un état voisin de la misère.

Mais durant le cours de mes études théologiques, des doutes sérieux, concernant la religion, avaient traversé mon esprit.

Ces doutes, j'aurais pu les repousser, comme on repousse une lumière importune; mais c'eût été lâcheté. J'aurais pu n'en point tenir compte dans ma conduite; mais c'eût été hypocrisie. J'aurais pu enfin, dès leur première apparition, m'arrêter tout court, et revenir à mon atelier, m'assurant ainsi une retraite exempte d'inquiétude et honorée de tous; mais c'eût été ne travailler que pour moi.

J'ai mieux aimé, nouvel Érostrate, essayer de brûler le Temple, au risque de m'ensevelir sous ses ruines. Voilà pourquoi j'ai fait les vœux, sans autre intention que de les fouler aux pieds le lendemain. Si je ne les avais pas faits, j'aurais eu l'air de les respecter, et qui a l'air de les respecter les fait vivre.

Je sais bien qu'en infligeant à vos mystères cette sanglante dérision, j'ai attiré sur ma tête la réprobation universelle. Il ne manquera pas d'esprits étroits pour me faire un crime de m'être joué de votre culte. On est encore assez généralement persuadé que, même dans ces choses là, il faut user de courtoisie envers vous. Eh bien! c'est pour faire tomber ce préjugé, que je consens à en devenir la victime Le principe qui doit lui être substitué, le voici :

« LES TYRANS DE LA PENSÉE NE MÉRITENT POINT D'ÉGARDS! »

En acceptant parmi vous le dernier degré de l'initiation, je savais bien aussi que j'acceptais un nom odieux, celui de prêtre réfractaire. Le prêtre réfractaire, le pire de tous les apostats, parce qu'il est le plus éclairé! Je me suis souvent demandé d'où peut venir l'horreur qu'inspirent les apostats; et j'ai vu que là aussi se cache un préjugé : *Il n'est pas permis, pense-t-on de renoncer à la religion de ses pères.* Autant vaudrait proscrire le Progrès , car s'il n'est pas permis de renoncer à la religion de ses pères. c'est évidemment parce qu'il est impossible de trouver mieux. Déplorable préjugé, qui a immobilisé les Chinois, et qui rend encore dans nos campagnes la marche de la civilisation si lente. C'est pourtant lui qui va être cause qu'on me fera un crime d'avoir vu, et d'avoir ensuite agi selon ma conscience. Malgré les rudes coups que l'instruction lui porte tous les jours, il aura encore assez de force pour me faire paraître un monstre. Mais qu'importe, pourvu que je le tue?

Pour mettre fin aux combats des gladiateurs, il fallut qu'un homme libre descendît spontanément dans l'arène et se fît dévorer par les lions. De même le monde ne se dégoûtera des vaines croyances, que lorsqu'un homme généreux, se chargeant à lui seul de tous les maux qu'elles portent en germe, aura montré dans sa personne combien elles peuvent rendre malheureuses les existences les moins dignes de l'être.

Ce serait pour moi une consolation s'il ne fallait pas d'autre victime, si mes infortunes atteignaient le but, si dans un avenir plus ou moins prochain, elles pouvaient arracher de tous les cœurs ce cri par lequel Lucrèce termine la peinture du meurtre, non pas juridique, mais *sacerdotal* d'Iphigénie :

« QUE LA RELIGION SUT ENFANTER DE MAUX! »

C'est dans ce désir, Monseigneur, que moi, jeune prêtre de votre plus récente confection, à peine sorti de vos mains : je me déclare athée et matérialiste.

Je me moque de vos foudres ; je crains peu vos saintes fureurs. Du temps de Vanini, j'aurais tenu le même langage (1). Aucune puissance au monde ne m'empêchera de mettre mes paroles en harmonie avec mes convictions.

Ce n'est pas cependant pour me faire un nom, que je me déclare athée. Il est pour arriver à la gloire, vous le savez bien, Monseigneur, des chemins beaucoup plus faciles à suivre. Si je parle, c'est dans un but d'*utilité publique*, c'est pour montrer comment on s'affranchit.

Vous ne croyez pas aux athées, ou du moins vous affectez de ne pas y croire; vous en faites des impossibilités, pour vous donner plus beau jeu contre eux. Tout ce que vous voulez bien leur accorder, c'est le désir de trouver vraies leurs assertions. Ne vous ai-je pas entendu dire, dans une circonstance, que vous n'aviez pas rencontré un incrédule dans votre vie? Vous vouliez dire sans doute, Monseigneur, que vous n'en aviez pas rencontré seulement un. Dans tous les cas, celui que je vous présente aujourd'hui, je puis vous le garantir; il a, je vous assure, plus que l'envie de devenir ce qu'il dit être.

Non, l'athéisme n'est pas une vaine forfanterie. C'est la protestation de tout ce qu'il y a d'intime et de sérieux dans la conscience humaine, contre ce qu'il y a au monde de plus puéril : la superstition et de fanatisme. Être athée, ce n'est pas non plus une révolte audacieuse contre un être suprême, ce n'est pas un attentat contre la Société. Être athée, c'est affirmer les conquêtes de la science, qui a banni dieu du monde, en montrant que son rôle y était impossible, qui, en dévoilant les sources de l'idée de dieu, a fait voir combien elles étaient suspectes. Être athée, c'est prendre place parmi les amis les plus sincères

(1) Vanini, philosophe napolitain, brûlé à Toulouse en 1619 comme athée, par des juges qui ne le comprenaient même pas.

de l'humanité, en essayant de l'affranchir de l'esclavage intellectuel, fondement de tous les autres.

Vous voudriez ranger l'athée parmi les griffons et les sphinx ; et moi, je ne trouve rien de plus naturel que l'athée

Pour ne croire ni à l'existence de dieu, ni à celle de l'âme, une seule chose est nécessaire, une résolution bien prise de ne pas essayer de franchir les bornes de l'esprit humain ; pour soutenir l'un et l'autre dogme, il faut une résolution toute contraire. De quel côté, je vous le demande, se trouve la témérité ? Il y a longtemps que Pline le naturaliste a tranché la question. C'est vous qu'il accuse de hardiesse ; il va même jusqu'à taxer de folie ceux qui, comme vous, cherchent dans l'univers autre chose que l'univers lui-même, et dans le corps autre chose que le corps.

Si nous croyions en dieu, je comprends qu'il y aurait de notre part une audace inouïe à le nier : nous serions pires que les géants de la fable, qui voulaient détrôner Jupiter. Mais si nous le nions, c'est que nous n'y croyons pas ; et si nous n'y croyons pas, c'est que rien ne nous permet d'y croire. Est-ce là s'insurger contre le ciel ?

J'entends plusieurs d'entre vous qui nous disent : « Nous sommes vos médiateurs, nous voyons pour vous ! » C'est bien là qu'éclate toute votre arrogance. Vous, les médiateurs des peuples ! et de quel droit ? Ce que nous avons le plus de peine à voir, ce sont vos titres.

Peu importe que vous, adorateurs de Boudh, de Jésus ou de l'Être suprême vous soyez le grand nombre, et que nous, athées, nous soyons la minorité. Il ne saurait y avoir orgueil à soutenir avec le petit nombre le parti d'une sage réserve ; et il y en a un très-grand à soutenir, même avec la majorité de vaines prétentions.

Vous faites sonner bien haut, vous surtout qui avez usé de vos baisers le talon de Saint-Pierre, vous faites, dis-je, sonner bien haut le sacrifice de votre raison. Nous savons ce que vaut ce sacrifice. Vous devriez le faire consister, non à admettre aveuglément et de parti pris les opinions d'autrui, mais à exclure impitoyablement des vôtres toutes celles qui ne sont pas fondées, et surtout à n'en imposer aucune à personne. Vous préférez votre devise : « *s'humilier pour régner.* » Vous subissez volontiers un joug que vous ferez subir à votre tour. Il fut même un temps où bien en prenait à vos disciples d'avoir pour votre enseignement la même docilité que vous aviez eue pour celui de vos pères. Sans quoi vous les brûliez bel et bien pour la gloire de dieu et le salut de leur âme. Aujourd'hui vos moyens ont forcément varié ; mais vos intentions sont les mêmes.

Un mot sur votre meilleure ruse. Elle consiste à faire croire à vos adeptes, pour les prémunir contre les premières inspirations qui pourraient les porter vers nous, que les passions jouent chez nous le principal rôle. Ce sont elles, dites-vous, qui nous font désirer qu'il n'y ait ni dieu, ni âme ; ce à quoi vous limitez tout notre athéisme et tout notre matérialisme. C'est votre fameux *Dixit insipiens in corde suo : Non est Deus : « L'impie a dit dans son cœur : il n'y a point de Dieu.* » Dans son cœur, et non pas dans son esprit, voilà une erreur grossière. Les passions sont beaucoup moins à l'aise chez nous que chez vous. Chez nous, elles n'ont pas pour s'abriter *le manteau du zèle*, le mot est de vos saints livres ; chez nous rien ne dissimule leur difformité. Commettons-nous une faute? nous ne nous tenons pas quittes pour certaines paroles marmotées sur notre tête. Aspirons-nous au titre d'honnête homme? nous sommes forcés de l'être en réalité, car personne ne nous en délivre brevet pour de l'argent. Nous ne connaissons pas ces accommodements avec le ciel, si admirables d'à-propos, qui viennent au besoin vous dispenser même de la vertu. Nos principes sont inflexibles; ils condamnent peut-être moins de choses que les vôtres, car ils ne condamnent que ce qui mérite condamnation; mais ils condamnent toujours.

Nous n'avons pas d'enfer pour nous rendre nécessaires, pour envoyer brûler éternellement ceux qui ne voudront pas se faire délivrer par nous, ou, en d'autres termes, ceux qui ne voudront pas nous nourrir sans rien faire; mais nous avons la conscience, la conscience impitoyable qui amnistie le vrai repentir, mais n'amnistie que lui.

Qu'on ne vienne donc pas nous dire, que l'athéisme et le matérialisme, en lâchant la bride aux passions, entraînent après eux le malheur. Si l'on pleure, dans le monde, c'est par vous; c'est vous qui êtes les vrais bourreaux de l'humanité. Vous creusez dans les cœurs des abîmes qu'il vous est impossible de combler; vos rêves ne sont bons qu'à irriter les désirs des hommes, en même temps que par votre indifférence systématique à l'égard des biens présents vous rendez la réalité beaucoup plus dure qu'elle ne devrait l'être.

Le bonheur cependant est dans la réalité, et non pas dans l'illusion. Il est dans la conformité à la nature, et dans l'acquiescement à ses lois.

Tandis que vous repaissez de vent et de fumée les gens assez bons pour vous croire, nous autres, nous avons la nature, avec ses deux grands auxiliaires : la *science* et le *travail.* La terre nous suffit, du ciel nous n'avons que faire, d'immortalité, nous n'en voulons point ; nous laissons les ambitieux se perdre dans les nues. (1).

En renonçant aux joies chimériques, nous foulons aux pieds du même coup toutes les vaines terreurs : il n'y a pour nous ni enfer, ni diable, ni feu temporaire et éternel ; tout cela nous fait sourire de pitié.

Délivrés de la tyrannie du désir et de la crainte, nous jouissons d'une sérénité parfaite. Ceux-là seuls parmi nous ressentent encore quelque trouble, qui n'ont pas su se délivrer complétement de leurs anciens préjugés.

Ce que je viens de dire du bonheur, s'applique au dévouement, et à tous les nobles instincts de l'homme. De quel front osez-vous vous en arroger le monopole ? Avez-vous jamais rien compris à l'amour pur ? Ne l'avez-vous pas, dans une circonstance mémorable, indignement poursuivi de vos anathèmes. (2). Vous ne permettez à l'homme d'autre mobile que le salut éternel, c'est-à-dire l'intérêt particulier. Si vous le courbez devant un dieu

---

(1) C'est à leur adresse que Pline a écrit ce beau passage :

« *Eadeum* (humana) *vanitas, in futurum etiam se propagat, et in mortis quoque tempore, ipsa sibi vitam mentitur.* »

L'humaine vanité s'étend jusque dans l'avenir, et même pour le temps dévelu à la mort, elle se fait à elle-même de vaines promesses de vie.

(Plin le nat. Hist. nat. Liv. VII, c. LVI.)

Tout le chapitre est de cette élévation ; il mérite d'être lu en entier.

(2) Allusion à la condamnation de Fénélon.

dont la sainteté consiste à exiger des adorations sous des peines imaginables, c'est pour lui donner à imiter, dans la personne d'un despote sombre et farouche, le type même de l'égoïsme. Et la grandeur de notre nature, le plus puissant stimulant de l'amour d'autrui, qu'en faites-vous? vous l'escamotez; vous rendez l'homme aussi méprisable que possible, en le déclarant incapable de tout bien.

Nous autres, nous suivons une voie toute opposée. Nous commençons par glorifier l'homme, nous le décla... rons trop grand pour avoir un maître; et, après l'avoir affranchi, nous lui disons, comme tout-à-l'heure : « Suis ta nature! » C'en est assez pour le rendre capable de tous les héroïsmes. Car le dévouement est dans sa nature; le dévouement lui est aussi nécessaire que le boire et le manger. Ici comme dans toutes les questions d'instinct, tout dépend des circonstances provocatrices et du libre essor. C'est pour avoir compris cette vérité que l'athéisme et le matérialisme ont le secret du parfait désintéressement.

Rien de plus commun que d'entendre dire : L'athéisme et le matérialisme ne valent rien pour le peuple : « Il faut au peuple une religion. » Quoique ce sentiment ait pour lui des hommes fort respectables, je le crois un préjugé. Le peuple n'a aucun intérêt à être religieux; sa religion n'est nécessaire qu'à ses tyrans. Pourquoi ceux-ci s'opposent-ils avec tant de force à ce qu'il soit athée? Parce que pour lui, être athée, ce serait être libre. Je sais bien qu'avant tout il faut éclairer le peuple, autrement son retour à la nature serait le retour à l'état sauvage. Mais éclairez-le, et vous verrez de quels prodiges l'athéisme et le matérialisme le rendront capable.

En résumé, dans la spéculation : prudence, droiture ; dans l'action : vie, amour, et pour couronnement de l'édifice, la plus grande source de bonheur relatif dont l'homme est capable ; voilà quel est le cortége de l'athéisme et du matérialisme.

Est-ce là, Monseigneur, cette hydre que vous vous plaisez à peindre sous de si noires couleurs ?

Mais vous avez beau faire, votre règne est passé ; celui de la science commence. Elle aura bientôt triomphé sur toute la ligne : A quelques préjugés près, qui ne peuvent pas sitôt disparaître, parce que, comme je l'ai dit plus haut, ils sont trop enracinés, mais qui s'évanouiront eux aussi, vos vieilles superstitions perdent tous les jours du terrain. Vous n'avez guères plus pour vous que ceux qui ne savent pas lire ; et ceux-là mêmes vous seront bientôt ravis, car ils apprendront. La ruine de votre superbe édifice est presque un fait accompli ; et ce qu'il y a là de plus curieux, c'est que, commencée par vous, continuée par vous, elle se consommera aussi par vous. Vous êtes à vous-mêmes vos plus terribles ennemis ; car tous vos efforts vont à établir que pour être des vôtres, il faut cesser d'être raisonnable.

Gendarmez-vous donc contre la science ; fulminez encore quelque bon anathème ; réunissez vos conciles ; achevez de montrer qu'entre elle et vous, toute conciliation est impossible. Oui, vous vous détruirez vous-mêmes ; vous serez broyés sous les roues du char que vous voulez arrêter. Ou, pour vous parler le langage d'un de vos hiérophantes : *Rassemblez-vous de tous les coins de l'univers et vous serez battus ; ourdissez des complots pour les voir avorter ; faites des menaces qu'aucun effet ne suivra ; car Dieu est avec nous.* (Is. VIII. 9-10.)

Oui, si Dieu existait, Dieu serait pour nous ; et comme il n'est que cette force intime cachée dans la nature, cette force qui excite parfois dans l'homme de sublimes transports, oh ! alors, avec cent fois plus de raison que Mirabeau ne le disait à Barnave, nous pouvons vous le dire à vous-mêmes : Non, la Divinité n'est pas en vous.

Le temps n'est déjà plus où il vous était facile d'abuser les hommes par de grands mots. Quand vous les appelez, comme le cuisinier de la fable, de votre traîtresse voix, plusieurs aussitôt de vous répondre : « Votre appât est grossier ; on ne m'y tient pas et pour cause ! » En vain à ceux-là parlez-vous encore de liberté : ils savent que votre vie s'écoule à forger des chaînes ; en vain faites-vous luire à leurs yeux l'élévation de l'homme ; ils savent que vous l'abrutissez · ils savent aussi que vous voudriez de la science, mais de la science *esclave*. N'essayez plus de les rendre les dupes de cette fantasmagorie de mots, qui a remplacé celles des faits, vos visions, vos miracles et tous vos tours de passe-passe.

Voilà ce qu'ils vous disent par ma bouche ; et leur protestation sera bientôt celle de tous, oui, de tous, entendez-vous.

Alors renégat ne signifiera plus homme de progrès, mais homme rétrograde. Alors le véritable prêtre, ce sera l'homme vertueux *donnant* sa pensée au monde, ce ne sera plus le maraud que Démosthènes, dans un endroit de son discours contre Eschine, a daigné flétrir, en le montrant sans cesse à l'affût d'un gâteau ou d'un honoraire qu'il escroque au moyen de certaines simagrées. Alors, au lieu d'être un prêtre réfractaire, je serai un *prêtre du Progrès*. Ceux-là ne coûtent rien, et ils sont utiles.

En attendant, érigez en dogmes, sous prétexte que dieu vous a parlé, toutes les rêveries des philosophes, pillant un peu partout selon votre humeur, au risque même de vous contredire de la manière la plus ridicule, et d'allier parfois dans le même chapitre, comme dans le troisième de l'Ecclésiaste Épicure et Platon (*Eccl.*, III, 17, 18). Ces dogmes, non contents de les fabriquer de la sorte, imposez-les; non contents de les imposer, vendez-les; tripotez les consciences, et faites-leur payer ce tripotage, alors que pour tripoter la dernière des femmes publiques, il faut lui donner de l'argent. Tout cela finira vite; l'indignation des âmes honnêtes s'apprête à en faire justice.

Profitez du peu de temps qui vous reste.

Surtout n'oubliez pas vos messes. Ne laissez par dormir le pouvoir que vous m'avez donné de faire des petits dieux. Qui le croirait, Monseigneur, à l'époque où nous sommes, qu'un homme peut faire un dieu, qu'il peut même communiquer ce pouvoir à un autre homme. Mais ce qu'il y a là de plus admirable et de plus avantageux au moins pour moi, c'est que ce pouvoir une fois reçu ne saurait se perdre. Ainsi, quelque impie que paraisse à quelques-uns la main qui trace ces lignes, elle peut encore faire de petits dieux; elle pourrait même, supposé que vous n'eussiez pas le même pouvoir, elle apostate, elle damnée, elle chargée de toutes les malédictions du ciel et de la terre, vous en expédier, sous ce pli, un tout prêt à mettre sous la dent.

Tout cela n'est-il pas beau? Avouez, pour ne rien dire de plus, que vous êtes fort divertissants. Mais ce qui n'est pas risible, c'est qu'il y ait en plein dix-neuvième siècle des gens assez simples pour prendre au sérieux de pareilles billevesées.

LA RELIGION EST L'ENFANCE DES PEUPLES, L'ATHÉISME EST LEUR AGE MUR.

Vous me demanderez peut-être, Monseigneur, comment l'athéisme que je disais tout à l'heure être une si grande école d'humanité a pu m'inspirer tant d'ingratitude envers la religion qui m'a élevé. Votre reproche serait juste, si la religion était à mes yeux ce qu'elle est aux vôtres. Mais, comme je la vois sous un tout autre jour, aurait-elle eu pour moi des tendresses de mère, mon devoir serait de l'abandonner.

Ce n'est pas pour moi, je vous assure, un titre de gloire que de lui avoir appartenu; et cela prouve bien jusqu'à quel point vous êtes tombés dans l'opinion. Ceux qui ont eu le bonheur d'échapper toute leur vie à vos pernicieuses influences, me regardent comme un homme qui a eu la vérole. Heureusement que je suis radicalement guéri.

Il s'en faut bien du reste que la religion en ait été aux mignardises avec moi. Sauf quelques hommes parmi vous auxquels j'ai un regret sincère d'avoir fait de la peine en vous quittant, je n'ai guère eu à me louer de vos bienveillantes attentions. Vous m'avez fait horriblement souffrir. N'est-ce pas assez que de vous le pardonner, surtout après avoir payé vos gentillesses? Vous voyez donc, Monseigneur, que même pour mes ennemis, j'ai plus de bonté qu'ils n'en méritent.

Je m'arrête, car en une fois on ne peut pas tout dire. Ce que j'ai dit suffira, je pense, pour atteindre le but que je me suis proposé : donner un exemple de courage.

L'homme qui a écrit cette lettre est avant tout un homme sincère, qui a profondément réfléchi. Qu'on l'écoute, et l'on verra comment, à force de droiture et d'examen sérieux, on peut, même dans les circonstances les plus défavorables, se débarrasser des langes de l'esprit.

Je voudrais bien, Monseigneur, vous donner une petite consolation, pour les choses un peu fortes renfermées dans cette lettre, en baisant respectueusement votre anneau pastoral.

Mais comme après tout vous n'êtes qu'un homme et peut-être *moins qu'un homme*, je me contenterai de vous dire comme à tous mes amis, que si vous vous portez bien, j'en serai enchanté.

C'était le salut des anciens Romains, et c'est aussi le mien.

Hoc signum in omni epistolâ ita scribo (II Thess. III, 17).

MARTINAUD.

Paris. Imp. Turfin et Ad. Juvet, 9, cour des Miracles.